Bunter Kinder-Kosmos

Bunter Kinder-Kosmos

Tiere in Eis und Schnee

*Kosmos · Gesellschaft der Naturfreunde
Franckh'sche Verlagshandlung · Stuttgart*

Titel der italienischen Originalausgabe
GUARDA E SCOPRI GLI ANIMALI
DELLA TUNDRA E DEI GHIACCI

Herausgeber und künstlerische Leitung
RINALDO D. D'AMI

Mit 262 farbigen Illustrationen von
SERGIO BUDICIN, TINO CHITO,
GUISEPPE FESTINO, EZIO GIGLIOLI,
LEONARDO POMI, GIUSEPPE SIGNORELLO,
M. FAUSTA VAGLIERI, GUIDO ZUCCA.

Italienische Originalausgabe
PRODUZIONI EDITORIALI D'AMI

Übersetzt ins Deutsche von
INGEBORG UNTERREINER

Der Bunte Kinder-Kosmos –
eine Buchreihe, die Interessantes und Wissenswertes aus Natur und Technik zeigt.

TIERE IN HAUS UND GARTEN
TIERE IN FELD UND HOF
TIERE IN WALD UND FLUR
TIERE IN FLUSS UND TEICH
TIERE IN SCHILF UND SEE
TIERE AUS BERG UND TAL
TIERE IN URWALD UND WÜSTE
TIERE AN STRAND UND KÜSTE
TIERE AUS PAMPA UND TROPENWALD
TIERE AUS STEPPE UND DSCHUNGEL
TIERE AUS OZEAN UND TIEFSEE
TIERE AUS PRÄRIE UND STROM
TIERE DER UR- UND VORZEIT
TIERE IN BUSCH UND REGENWALD
TIERE IN WIND UND MEER
MENSCHEN AUF DEM MEERESGRUND
GROSSE ERFINDUNGEN
MENSCHEN IN EIS UND SCHNEE
SONNE, MOND UND STERNE
MENSCHEN IN HITZE UND SANDSTURM
MENSCHEN UND WAFFEN

5. Auflage, 62.–76. Tausend
Franckh'sche Verlagshandlung, W. Keller & Co.,
Stuttgart / 1975

LH 9 Ste / ISBN 3-440-03666-9
Printed in Italy / Imprimé en Italie
Gesamtherstellung: Stab. Grafico Marietti, Torino

Im hohen Norden Europas, wo fast das ganze Jahr Eis und Schnee herrschen, ist es recht unwirtlich. Um so erstaunter wirst du sein, zu erfahren, wieviele Tiere dort in Kälte und Eis leben.

Trotz der langen strengen Winter, die ihnen viele Entbehrungen auferlegen, fühlen sich die Tiere in ihrer Heimat wohl, und ein warmer Pelz, eine dicke Fettschicht unter der Haut oder auch ein wasserabstoßendes Federkleid sorgen dafür, daß ihnen die Kälte nicht allzusehr zusetzt.

Da tummelt sich der »König der Arktis«, der gewichtige Eisbär fröhlich rutschend mit seinen Gefährten auf dem Eis. Das majestätische Walroß, von den Eskimos »Großer Alter des Wandereises« genannt, stößt seine donnernden Schreie aus. Ausgelassen schnellt der Buckelwal aus dem Wasser hoch, als wollte er fliegen. Und dann begegnet uns der schwerfällige Moschusochse, der eigentlich gar kein Rind ist, sondern ein Verwandter der Ziegen.

Eine mannigfaltige Tierwelt tut sich hier auf und mit Verwunderung wird man mit den Lebensgewohnheiten der seltsamen und zähen Bewohner der Arktis vertraut. Auf 262 Abbildungen lädt dieser Band uns ein, zu einem Besuch bei den Tieren in Eis und Schnee.

Der Eisbär

Der Eisbär ist bei seiner Geburt nicht größer als ein Kätzchen. Doch wenn er erwachsen ist, mißt sein Körper ungefähr 3 m und wiegt 500 Kilogramm. In der wärmeren Jahreszeit stopft er sich voll mit allen Leckerbissen, die das Meer ihm bietet. Im Herbst sucht er oft das Festland auf, denn er liebt die Beeren der Tundra. Zwar ist der Eisbär ein hartnäckiger Jäger mit einem wilden Temperament, doch er ist auch friedlich, liebenswürdig und wirkt manchmal etwas komisch, besonders wenn er mit seinen Gefährten auf dem Eis rutschen kann. Obwohl der König der Arktis manchmal nichts zu fressen hat, macht ihm die eisige Kälte seines Lebensraumes nichts aus; denn unter der Haut hat er eine dicke Fettschicht, und sein wunderbarer, warmer Pelz reicht bis zu den Fußsohlen.

Weißt du,
daß ein Eisbär auf dem Eis eine Geschwindigkeit von 40 km in der Stunde erreichen kann und daß er unter Wasser mit einer Stundengeschwindigkeit von 10 km schwimmt?

Nahrung:

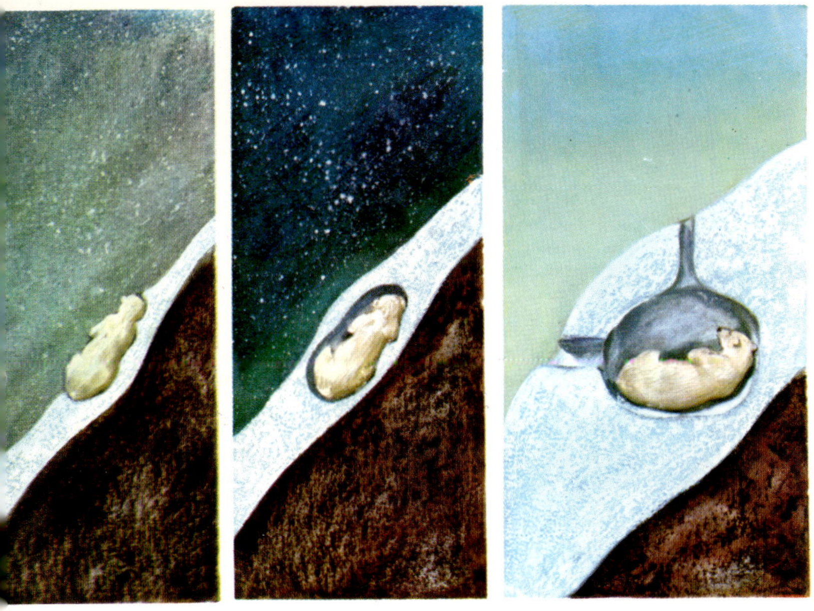

Mutter Eisbär bereitet das Nest für die Jungen. Im Herbst streckt sie sich auf einem Hang aus, dort, wo der Wind den ersten Schnee hinweht. In der immer dicker werdenden Schneeschicht baut sie sich eine Behausung. Im Januar, aber nicht in jedem Jahr, bringt sie zwei rattengroße Junge zur Welt, die bei der Geburt blind sind und nur 750 Gramm wiegen.

Schon bald lehrt die Mutter ihre Jungen das Schwimmen und Jagen. Hier siehst du, wie geschickt die Kleinen schon sind. Nur zwei Schwänze und zwei Mäuler genügen, daß die drei wie ein einziger Bär schwimmen.

Zwei Bären wurden im Wasser von einem Schwarm wilder Butzkopfwale überrascht und haben sich auf einen kleinen Eisberg geflüchtet. Doch die hungrigen Wale geben nicht auf und beginnen lauernd Kreise zu ziehen. Wie das ausgehen wird, ist ungewiß.

Lauernd wartet der Eisbär darauf, daß ein Seehund aus dem Wasser auftaucht, um Luft zu holen. Er besitzt sogar noch die Schlauheit, seine schwarze Nasenspitze zu verbergen, die in der weißen Eislandschaft seine Gegenwart verraten könnte.

Der Geruchssinn kann einen hungernden Bären schon aus mehreren Kilometern Entfernung zu den Zelten der Jäger führen. Wenn ein Mensch dann unbewaffnet ist, wird er unweigerlich von dem wilden Tier angegriffen.

Die Küstenseeschwalbe

Schon drei Monate, nachdem die Küstenseeschwalbe aus dem Ei geschlüpft ist, kann sie den ganzen Erdball von einem Pol zum anderen längs eines Meridians überfliegen. Dieser außergewöhnliche Wandervogel, der so wunderbar fliegen kann, ist nicht viel größer als eine Taube. Sobald der Schnee schmilzt, ziehen große, lärmende Scharen von Küstenseeschwalben in die arktischen Gewässer, wo sich die Paare finden, die dann zwei oder drei Junge aufziehen.

Schnell vergeht der Sommer, während die Vögel unermüdlich zwischen dem Meer und ihren Nestern unterwegs sind und ihren Jungen geschwind noch das Fliegen und Fischen beibringen. Alles geschieht in Eile, da der Sommer kurz ist und die Vögel bald wieder ziehen müssen.

Weißt du,
daß die kleinen Küstenseeschwalben schon zwei Tage nach ihrer Geburt aus dem Nest krabbeln, nach vier Wochen schon anfangen zu fliegen, und daß sich die Eltern von da an nicht mehr um ihre Jungen kümmern? Daß diese Vögel auf Grund ihres Körperbaues nicht schwimmen können und daß sie sich deshalb bei ihren langen Flügen über den Ozean nur dann ausruhen können, wenn sie Treibgut finden?

Nahrung:

Kleinkrebse

kleine Fische

Heringsbrut

„Gnädiges Fräulein, darf ich ihnen einen Fisch anbieten?" Mit diesem großzügigen Angebot versucht das Männchen bei dem Weibchen Eindruck zu machen. Eine Woche lang spottet das Weibchen darüber, bis es zur Paarung bereit ist und es dadurch zeigt, daß es dem Verliebten einige Grashalme überreicht.

Die Eltern haben sich ein schönes Loch für ihr Nest ausgewählt und wechseln sich drei Wochen lang beim Brüten ab. Der Abstand von einem Nest zum anderen beträgt oft nur eine Schnabellänge. Zwei Tage nach dem Ausschlüpfen verlassen die Jungen das Nest.

Wehe dem, der sich in die Nähe von Seeschwalbennestern wagt! Möwen, Füchse, ja sogar der Mensch würden den Schnabel der Seeschwalben zu spüren bekommen und nicht nur einen Schnabel, denn die ganze Kolonie würde der bedrohten Familie zu Hilfe eilen.

Die Seeschwalbe beherrscht das Fliegen meisterhaft, kann aber nicht gut schwimmen. Ohne Scheu jedoch stürzt sie sich ins Wasser, wo sie den größten Teil ihrer Nahrung findet, und meistens ist ihre Jagd erfolgreich.

Unsere große Erdkugel ist für die Küstenseeschwalbe klein. Mit ihren Jungen verläßt sie die nördliche Halbkugel und zieht in riesigen Schwärmen nach dem Süden. Einige Seeschwalben fliegen von Alaska bis Feuerland, andere wieder überqueren den Atlantik und ziehen nach Südafrika. Diese Strecken legen sie zweimal im Jahr, im Herbst und im Frühling, zurück, und oft sind sie insgesamt fast 40 000 km unterwegs, was dem Umfang unseres Erdballs entspricht.

Das Walroß

Dieses majestätische Tier, das die Eskimos vertraut »Großer Alter des Wandereises« nennen, ist das Walroß, ein riesiges Säugetier von über drei Meter Länge und einer Tonne Gewicht.

Wenn von den Eisbänken der Polarmeere der Ruf des Walrosses ertönt, ein donnerndes Gebrüll, dann machen sich die Seehunde, ja sogar die Eisbären, die Schwertwale und Eskimojäger aus dem Staub. Das Leben unseres „Alten des Wandereises" hat Höhen und Tiefen. Die warme Jahreszeit, die er weitgehend im Norden verbringt, beschert ihm erbitterte Liebesduelle, die Zuneigung mehrerer Frauen, Kinder, Mußestunden in der Sonne, Geselligkeit und reichliche Mahlzeiten in Form von Weichtieren und Krebsen. Der Winter hingegen, wenn die Wasser mit Eis bedeckt sind, bereitet ihm Mühe und Hungerzeiten und zwingt ihn zu langen, unermüdlichen Märschen an das offene Meer, wo er nach Futter tauchen kann.

Weißt du,

daß das Walroß nicht länger als zehn Minuten unter Wasser bleiben kann? Daß man im Magen eines Walrosses die Reste von ca. 2000 Muschelschalen fand? Daß das Walroß als Verdauungshilfe faustgroße Steine verschluckt?

Nahrung:

Krebstiere

Seesterne

Fische

Muscheln

Das Walroßmännchen ist ein guter Familienvater. Es hilft seiner Gefährtin bei der Kindererziehung und zeigt ihr seine Zuneigung, indem er sie mit seinen Barthaaren streichelt. Die Hauer der alten Walrosse sind schon abgenutzt und bilden oft nur noch Stummel.

Mit Vorliebe suchen die Walrosse mit ihren Hauern den Meeresboden nach Krebstieren und Muscheln ab. Die Muschelschalen werden mit den Hauern von der Unterlage abgelöst und dann verzehrt.

Bei der Geburt wiegt das Walroß 75 kg und wird von der Mutter eineinhalb Jahre lang ernährt. Sie bringt ihrem Jungen die Anfangsgründe des Schwimmens bei und preßt es mit ihren Flossen fest an die Brust.

Während des ganzen Sommers ist der Eisbär eine ständige Bedrohung für die Walroßrudel, an die er sich heranwagt, um die Jungen abzufangen. Doch wenn Vater Walroß auftaucht, bleibt dem Eisbären kein anderer Ausweg als die Flucht.

Wild vor Schmerz stürzt sich ein verwundetes Walroß auf das zerbrechliche Kanu des Eskimojägers und zerreißt es mit heftigen Schlägen seiner Hauer. Es verfolgt dann auch seinen ins Eiswasser gefallenen Jäger.

Niemals lassen die geselligen Walrosse den verwundeten Kameraden im Stich. Wenn dieser nicht mehr schwimmen kann, transportieren ihn seine Helfer auf dem Rücken in Sicherheit, wobei sie ihm den Kopf aus dem Wasser heraushalten.

Der Buckelwal

Wer den Buckelwal vor sich aus dem Meer springen sieht und beobachtet, wie er dann mit seinen riesigen Flossen auf das Wasser aufschlägt und die Luft erzittern läßt, dem kommt die Idee, daß dieser Wal fliegen wollte. Das scheinen auch seine großen Flossen zu bestätigen, die fünf Meter lang sind und also ein Drittel der Länge des gesamten Säugetiers haben. Seine imponierende Energie verschafft sich der Buckelwal aus reichhaltigen Mahlzeiten, die hauptsächlich aus kleinen Krebsen, Algen, Fischbrut und Plankton bestehen. Jede halbe Stunde unterbricht unser sympathischer Vielfraß seine Mahlzeit und kommt zum Atmen an die Oberfläche. Dann erscheint eine hohe Wasserfontäne, die sein warmer Atem bei der Berührung mit dem kalten Wasser emporreißt.

Weißt du,

daß der Buckelwal 45 km in der Stunde schwimmt? Daß diese Wale im Frühling nach Norden und im Herbst nach Süden ziehen? Daß die Buckelwale, wie alle Wale, nur noch beschränkt gefangen werden dürfen, da sie schon fast ausgerottet sind?

Die ausgelassenen Spiele und Luftsprünge der Buckelwale sind ein unbeschreiblich eindrucksvolles Schauspiel. In der Paarungszeit sind sie noch verspielter als sonst. Dann tummeln sich die einzelnen Paare umeinander und klatschen mit den Flossen, was man kilometerweit hören kann. Möven kommen in Scharen herbei, um die nach dem Aufruhr im Wasser halb betäubten kleinen Fische zu fangen.

Nach der Geburt eines jungen Buckelwals im Winter folgt die Zeit des Säugens. Dazu legt sich Mutter Buckelwal auf eine Seite, wodurch das Junge an der Wasseroberfläche auch atmen kann.

Wie verspielt Buckelwale oft sind, zeigt sich auf verschiedene Art. Manchmal kommt es vor, daß Rudel von Buckelwalen meilenweit große Schiffe verfolgen und übermütig wie junge Hunde um sie herumspringen.

Nachdem der Buckelwal eine große Menge Wasser ins Maul genommen hat, in der einige Kilogramm Kleingetier enthalten sind, stößt er das Wasser wieder durch hornartige Plättchen aus, die am Rand gefranst sind und die Nahrung zurückhalten. Oben: Die Hornplatten am Skelett.

Die Buckelwale entledigen sich ihrer Parasiten: An Felsen streifen sie Seerosen, Würmer und Krebse ab. Da Süßwasser für die Parasiten tödlich ist, dringen die Buckelwale oft in Flußmündungen ein, wo sie jedoch an Wassermangel zugrunde gehen können.

Das Ren

Das Ren liefert dem Menschen des hohen Nordens Milch, Fleisch und Fell. Es wird als Last- und Zugtier verwendet. Diese überaus nützliche Hirschart, die im Winter von hungrigen Bären, Wölfen und Luchsen verfolgt wird, kann zum Herdentier gezähmt werden. Es trägt ein großes Geweih, hat einen robusten Körperbau, sein etwa ein Meter hoher Rücken ist in einen warmen, dicken Pelz gehüllt, und seine Hufe mit den gespreizten Zehen eignen sich besonders gut für lange Märsche im Schnee. Seine Nahrung besteht aus Flechten, Zweigen, Baumrinden und Moos. Für einen Bewohner der Arktis bedeutet der Besitz eines Rens soviel wie bei uns der einer Kuh; zugleich ist es ein Pferdeersatz und ein Gefährte.

Weißt du,
daß eine Zugabe von Mineralsalzen zum Futter für das Ren ein Leckerbissen ist?

Nahrung:

Flechten

In den kalten arktischen Regionen schwebt über den wandernden Rentierherden ein leichter Nebel, der durch die Ausdünstungen ihrer Körper entsteht. Jede Herde hat ein Leittier, dem alle Tiere folgen.

Wenn ein junges Rentier durch Unfall oder Tod der Mutter verwaist, wird es nicht seinem Schicksal überlassen. Andere Renmütter nehmen sich dann seiner an und pflegen das Kleine wie ihr eigenes Kind.

Im Herbst werfen die Rentiere den »Bast« der Geweihe ab, indem sie die Geweihe an den Bäumen reiben. Oft sitzen graue Krähen auf den Rücken der Vierbeiner und befreien deren Pelz von Parasiten.

Im Winter sind die Flechten, die Nahrung dieser Tiere, von tiefem Schnee bedeckt. Deshalb müssen die Rentiere mit ihrem Maul, den Geweihen und den Hufen tiefe Löcher scharren.

Die Wölfe fürchten die mächtigen Geweihe der Rentiere, aber sie verfolgen sie und warten darauf, daß schwache oder kranke Tiere erschöpft umfallen. Wenn die Wölfe sehr hungrig sind, greifen sie auch die gezähmten Rentiere in den Dörfern an.

Im Norden haben die Rentiere eine große wirtschaftliche Bedeutung. Sie werden gezüchtet und nach Milchtieren und Last- und Zugtieren ausgewählt. Mit solchen Rentieren reisen dann die Lappen über weite Strecken.

Der Moschusochse

Hier siehst du ein großes Tier, dem bei der Namensgebung Unrecht widerfahren ist. Wir haben es Moschusochse genannt, und doch ist es kein Rind, sondern es gehört vielmehr zur Familie der Ziegen. Außerdem strömt dieses Tier seinen Moschusgeruch nur im Sommer während der Paarungszeit aus. Besonders charakteristisch ist sein sehr langer Pelz, der ihm vom Kopf bis zu den Füßen reicht und den 400 Kilogramm schweren Körper und den Schwanzstummel verbirgt. Ein guter Name wäre auch „Kleiderhaken-Ochse", da seine gebogenen Hörner zum Aufhängen von Mantel und Hut geeignet scheinen, vorausgesetzt, jemand hat den Mut, dies zu tun. Oder „Arktischer Ochse", weil dieses Tier in eisigen Regionen wohnt, in Grönland und im äußersten Norden von Amerika.

Doch weil es so schwierig ist, einen passenden Namen zu finden, nennen wir unser Tier weiterhin Moschusochse.

Weißt du,
daß der Moschusochse seine Schweißdrüsen an den Hinterbeinen hat?

Nahrung:

Zwergsträucher

Die Moschusochsen können nicht schnell laufen und deswegen einem Rudel Wölfe nicht entfliehen. Sie rennen daher nicht auseinander, sondern stellen sich nahe nebeneinander und bilden einen engen Kreis, in dessen Mitte die Jungtiere stehen. Wagt sich einer der wilden Angreifer zu nahe heran, so wird er von zwei oder drei Moschusochsen mit wütenden Hornstößen vertrieben, die dann schnell wieder in die Reihen der Gefährten zurückkehren.

Im Winter wandern die Herden, von einem Weibchen angeführt, auf die eisigen Berge und suchen dort, wo der Wind den Schnee weggeweht hat, nach pflanzlicher Nahrung.

Im Mai und Juni verliert der Moschusochse seinen Winterpelz. Diese Unterwolle, die sich durch den Außenpelz des Tieres hindurch an der Oberfläche zeigt, und aus dem kaschmirähnliche Kleidung gewebt wird, löst sich in großen Flocken.

Im Sommer, der Paarungszeit, finden erbitterte Duelle statt. Die Rivalen gehen frontal aufeinander los und versetzen sich wuchtige Kopfstöße, bis einer der beiden plötzlich aufgibt.

Die vor kurzem begonnene Aufzucht von Moschusochsen hat gute Ergebnisse gezeitigt. Die intelligenten Tiere lernen es schnell, zum Futter zu kommen, wenn man sie ruft, oder fliehen, wenn sie das Auto des Tierarztes sehen.

Der Schwertwal

Dieser raubtierartige Wal heißt auf lateinisch „orcinus orca“ und erinnert mit diesem Namen an die Gattin eines wilden Fabelwesens. Wie ein ungeheueres Wesen aus der Unterwelt erscheint der Schwertwal bestimmt auch seinen Opfern, den Walen, Robben und sonstigen Meereslebewesen. Er, der auch Butzkopf oder „Mörderwal“ genannt wird, ist mit seinen zehn Tonnen ein Mittelgewichtler unter den Walen. Er besitzt leistungsfähige Flossen, von denen die zwei Meter lange Rückenflosse ein Fünftel seiner Gesamtlänge ausmacht. Der immer hungrige Pirat ist ein intelligentes Tier (Wale sind mit Delphinen verwandt), und setzt mit seinen Zähnen jedes Tier im Weltmeer in Schrecken. Der Schwertwal paart sich im Winter. Im Jahr danach bringt das Weibchen ein „kleines“ Geschöpf zur Welt, das schon bei der Geburt zwei Meter lang ist.

Weißt du,
daß der Schwertwal mit einer Geschwindigkeit von sechzig Kilometern in der Stunde schwimmen kann? Daß im Magen eines getöteten Tieres die Reste von etwa dreißig Seehunden gefunden wurden?

Nahrung:

Weißwale

Fische

Seehunde

Narwale

Die Schwertwale sind die wildesten Bewohner des Meeres und fürchten keinen Feind. Wenn sie sich in einem Schwarm befinden, greifen sie auch den Schwergewichtler unter den Tieren an, den riesigen Blauwal.

Von allen Seiten umzingeln sie ihn, beißen auch von unten und während er sich vergeblich wehrt, verbeißen sie sich in seine verwundbarsten Stellen, zwischen den Hautfalten, den Lippen und seiner Zunge.

Das Schicksal dieses Seehundes ist besiegelt. Die Eisbank, auf der sich das Tier sicher wähnte, wird von dem Schwertwal zertrümmert. Von fern hat er die Beute erblickt und war unter die Eisplatte geschwommen.

Da die Schwertwale Säugetiere sind, müssen sie atmen. Nachdem sie sich mit Sauerstoff vollgepumpt haben, tauchen sie dreißig Sekunden lang unter. Nach fünfmaligem Auftauchen bleiben sie etwa vier Minuten lang unter Wasser. Dann beginnt alles von neuem.

Der Schwertwal stößt Töne aus, die sich im Wasser kreisförmig ausbreiten. Wenn diese Schallwellen auf Beute treffen, ist das zurückkehrende Echo für das hungrige Tier ein Jagdsignal.

Dies war das grausame Ende einiger Schwertwale. Wenn sie eine Beute bis ins seichte Wasser verfolgen oder durch die Ebbe an der Küste überrascht werden, müssen sie sterben, weil sie stranden.

Der Brachvogel

»Chiur-li, chiur-li« ruft dieser Vogel, dessen Schnabel so krumm ist wie ein Säbel, während er mit weit ausgebreiteten Flügeln über den Sümpfen und Mooren kreist.

»Chiur-li, chiur-li« trällert unser Vogel noch einmal, wenn er dann langsam und stolz, mit emporgerecktem Hals und herausgestreckter Brust umherläuft. Trotz seines etwas überheblichen Gehabes ist dieser Vogel im Grunde genommen leicht zufriedenzustellen und lebt an Seeufern und Teichen in der Tundra und an der Küste. »Chiur-li, Chiur-li« ruft er immer wieder, während er zwischendurch mit seinem Schnabel in Algen und im Schlamm herumstochert. Wollt ihr seinen Namen wissen? Brachvogel!

Weißt du,
daß der Brachvogel nur Rufe der eigenen Artgenossen beantwortet?

Nahrung:

kleine Fische

kleine Krebstiere

Regenwürmer

Spinnen

Durch Verbeugungen, Sprünge, Flügelschlagen, Balzgesang und Radschlagen mit dem Schwanz erreicht es der Freier, daß ihn das Weibchen als Bräutigam anerkennt.

Das Wiesel, ein alter Räuber, entdeckt das einfache Nest eines Brachvogels: Eine Vertiefung, die 3—5 Eier enthält. Kommt der Eigentümer, dann stürzt er sich mit seinem Schnabel auf das Raubtier.

Sofort nach ihrem Ausschlüpfen aus dem Ei erkennen die kleinen Brachvögel die eigene Mutter und folgen ihr mit unsicheren Schritten ins hohe Gras. Dorthin werden sie von der Mutter gebracht, damit sie nicht entdeckt werden.

Nach einem reichhaltigen Schneckenmahl spuckt der Brachvogel die unverdaulichen Schalen aus. Rechts: Aus großer Höhe stürzt sich der Brachvogel mit angelegten Flügeln hinab und öffnet sie erst in geringer Höhe.

Wie viele andere Vögel spüren die Brachvögel zu einer bestimmten Jahreszeit einen Wandertrieb. Diejenigen, die in den Mittelmeerländern zu Hause sind, ziehen am Ende des Sommers nach Afrika. Man hat Brachvögel über den Gipfeln des Himalaya in der unglaublichen Höhe von mehr als 6000 Meter beobachtet.

Die Sattelrobbe

Echte »Ferien auf dem Eis« erleben diese Säugetiere zweifellos auf den Eisbänken der Arktis. In einem offenen Stück des Meeres tummeln sich phantastische Schwimmer, die Sattelrobben. So eisig das Wasser auch sein mag, übermütig spielen sie in ihrem Element, denn sie besitzen einen leichten Pelz, zwischen dessen Haaren Luft bleibt und der deshalb kein Wasser hindurchläßt. Hier finden sie auch reichlich Nahrung: Seezungen, Steinbutte, Dorsche und Heringe (pro Tag fressen diese Schlemmer fünf Kilogramm Fisch!). Die gut zwei Meter lange Sattelrobbe wiegt siebzig Kilogramm. Ihr Körper wirkt an Land plump, wie sehr er auch zum Schwimmen geeignet sein mag. Sprechen wir es ruhig aus: Dieser phantastische Rekordschwimmer wäre beim Wettrennen eine Null.

Weißt du,
daß die Sattelrobbe bis zu 250 Meter tief tauchen kann? Daß sie ihren Pulsschlag von 150 auf 10 Schläge in der Minute herabsetzen kann, um es länger im Wasser auszuhalten?

Wenn sich während der Paarungszeit die Sattelrobben auf den Eisbänken niederlassen, gibt es zwischen den Männchen heftige Duelle. Die älteren Tiere gewinnen meistens den Kampf mit den jüngeren und sichern sich einige Weibchen.

Bereits zwölf Tage nach der Geburt beginnt die Mutter das Junge zu unterrichten. Dabei geht sie recht autoritär vor: Mit einem liebevollen Schubs wirft sie den Sohn ins Wasser, der so das Schwimmen und das Jagen lernt.

Ein gefülltes Fischernetz übt auf unsere Sattelrobbe eine unwiderstehliche Anziehungskraft aus. Mit ihren starken Zähnen zerreißt sie das Netz und stopft sich mit Futter voll.

Wenn ein Sattelrobbenweibchen Mutter wird, vertauscht es die Jagd mit der liebevollen Pflege der Jungen. Die Kleinen werden mit fetter Milch gesäugt und entwickeln sich schnell. Nach einem Monat ändert sich die Farbe ihres weißen kostbaren Pelzes.

Die Sattelrobben können unter der Wasseroberfläche ausruhen. Diese Ruhepausen sind jedoch nicht sehr lang, da die Tiere an die Oberfläche kommen müssen, um Luft zu schnappen. Oft macht sich das ein lauernder Feind (ein Mensch, ein Bär) zunutze.

Zweimal im Jahr wandern die Sattelrobben 2000 Kilometer weit und schwimmen dabei mit einer Geschwindigkeit von sechsunddreißig Kilometer in der Stunde. Den Sommer verbringen sie in Grönland und den Winter an der Labrador-Küste in Kanada.

Der Elch

Rate mal: Wie heißt das Tier: Es hat lange Beine wie ein Pferd, ein Maul wie ein Kamel, einen Bart unter dem Kinn wie eine Ziege und ein großes, schweres Geweih, das zwei Meter breit werden kann?

Es ist der Riesenelch, ein Gigant von 500 kg Gewicht und 2,5 Meter Höhe. Während des Sommers watet dieser typisch nordische Wiederkäuer durch Sümpfe, flache Seen und Flüsse, um die Hitze besser ertragen zu können. Bei Gefahr stürmt er trotz seiner Größe und seines Gewichts mit unerwarteter Behendigkeit und gesenktem Kopf voran, und dann macht man sich am besten aus dem Staube, denn die Wutausbrüche des Elches sind furchtbar. Wenn er in Ruhe gelassen wird, wendet er sich seinen üppigen Mahlzeiten zu, die aus Laub und jungen Trieben bestehen. Im Grunde genommen ist dieser Schwergewichtler ein friedliches Tier, das in Ruhe und Einsamkeit zu leben wünscht.

Weißt du,

daß die Elche beim Laufen ein charakteristisches Geräusch erzeugen, das durch das ständige Aneinanderschlagen der Hufe hervorgerufen wird? Daß sie ein großes rundes Loch in den Schnee graben, in dem das ganze Rudel Platz hat?

Nahrung:

Gräser

Nach sechs Jahren ist das Geweih des Elches meist voll entwickelt. Es wird bis 2 m breit und wiegt etwa zwanzig Kilogramm. Mit dieser furchtbaren Waffe verteidigt sich das Tier gegen seine Feinde. Hier siehst du es im Kampf mit Wölfen.

Der riesenhafte Wiederkäuer sucht sich sein Futter nicht nur an Land, er springt auch in die Seen und sucht auf dem Grund nach Wasserpflanzen. Der Elch ist ein ausgezeichneter Schwimmer und kann eineinhalb Minuten unter Wasser bleiben.

Der Spätsommer ist für die Elche Paarungszeit. Dann werden erbitterte Duelle zwischen den Männchen ausgetragen. Nur zu dieser Zeit brüllen unsere sonst schweigsamen Wiederkäuer.

Es scheint so, als ob der Hautsack unter der Kehle dem Elch beim Schwimmen helfe. Wenn er anschwillt, dient er dazu, den Kopf aus dem Wasser zu halten. Hier zeigen wir dir ein Junges, das seine Vorderbeine auf den Rücken der Mutter legt, damit es den Kopf besser über Wasser halten kann.

Einige sagen: Der Elch greife keinen Menschen an, andere wiederum behaupten, daß der Elch jeden wild angreife. Sicher ist, daß ein verwundetes Tier sich auf den Jäger stürzt.

In Rußland hatte man viel Erfolg bei Versuchen, Elche zu züchten. Man hat dann diese Tiere vor die Schlitten gespannt. Die Weibchen liefern schmackhafte Milch.

Der Vielfraß

Der Vielfraß ist vielen Erzählungen nach das schrecklichste und angriffslustigste Tier in der Arktis. Doch in Wirklichkeit ist er nicht schlimmer als seine Verwandten, die Marder. Auch sein Name ist ein Mißverständnis. Er heißt in Norwegen „Fjällfräs“, was Felsenkatze bedeutet.

Dieses Säugetier wird mit Schwanz über einen Meter lang und wiegt bis zu 35 Kilogramm. Es ist so mutig, daß es sogar mit einem Gegner wie einem Bären erbittert kämpft. Der Vielfraß liebt das Vagabundieren und entfernt sich manchmal bis zu hundert Kilometer von seiner Höhle. Mit seinen spitzen Krallen und Zähnen greift er jedes Tier und jeden Vogel an, alles, was ihm in den Weg kommt. Dieser Kerl hätte beim Betreten der Arche Noahs sicherlich ausgerufen: „Sieh mal an, wie viele schöne Brocken für mich! Das wird ein Festfressen!“

Weißt du,

daß der Vielfraß die Pfoten über die Augen hält, damit er besser sehen kann, ebenso wie der Mensch die Hand über die Augen hält? Daß in den arktischen Regionen die Kapuzen mit dem Pelz des Vielfraßes gefüttert werden, da dieser Pelz Feuchtigkeit abstößt und deshalb nicht vereist?

Nahrung:

Rehe

Nagetiere

Vögel und Vogelbrut

Der Vielfraß ist sehr schlau und betrachtet aufmerksam die von den Jägern aufgestellten Fallen, bevor er sich an den Köder heranwagt. Manchmal läßt er die Falle zuschnappen, schleppt sie weit weg und versteckt sie.

Der Vielfraß sorgt für die Zukunft und füllt die Vorratskammer in einer Baumhöhle mit Nahrung. Manchmal zerstört er das Zelt eines Forschers und alles, was für seinen Bedarf ungeeignet ist, wird von ihm mit übelriechenden Exkrementen bespritzt.

Mit seinem Ruf als Räuber auf dem Festland gibt sich der Vielfraß nicht zufrieden. Da er gut schwimmen kann, beweist er seinen Ruf auch unter Wasser, wo er sich reichhaltige Mahlzeiten besorgt.

Der Vielfraß ist so gierig, daß er hier sogar einigen halb verhungerten Wölfen die Beute streitig macht. Aufgrund seines schlimmen Geruchs wird ihm manchmal das Feld kampflos überlassen.

Wenn der Räuber Hunger hat, kümmert er sich nicht um die Größe seiner Feinde und greift sogar den riesigen Elch an. In diesem Falle hier macht er einen Überraschungsangriff, indem er sich von einem Felsen oder von einem Baum auf die Beute stürzt.

In einer verlassenen Höhle bringt die Mutter im Frühling zwei, drei oder vier Junge zur Welt. Die Kleinen haben einen hübschen cremefarbenen Pelz und entwickeln sich bald zu guten Jägern.

Die Eiderente

Das, was so aussieht wie ein glänzendes Spielzeug, ist das bunte Männchen einer edlen Vogelart: die Eiderente. Wenn sie so komisch über das Land trottet, wirkt sie sehr wackelig auf den Beinen und tatsächlich fällt sie oft dabei um.

Das Reich dieser schönen Ente ist die steinige Meeresküste. Im Winter tut sich das Männchen mit einem Weibchen zusammen, das ein weniger schönes Federkleid trägt, und im Frühling ist Paarungszeit. Sobald der Enterich einen Platz für das Nest ausgewählt hat, überläßt er seiner Frau das Brüten und übernimmt die Nahrungssuche. Im Wasser sucht er nach Weichtieren, Krebsen, Seerosen, Würmern, Fischen und deren Eiern. Nach einem Monat schlüpfen aus den 4–6 bebrüteten Eiern kleine Eiderenten aus.

Weißt du,

daß diese Vögel eine Fluggeschwindigkeit von einhundertfünfzig Kilometer in der Stunde erreichen? Daß das Weibchen der Eiderente, wenn es sich vom Nest entfernt, die Eier mit Federn bedeckt?

Nahrung:

Insektenlarven

Seesterne

Seerosen

Fischbrut

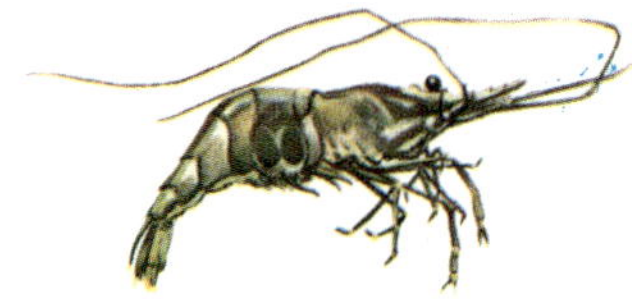

Krebstiere

Nicht nur Bären und Polarfüchse gehören zu den Feinden der Eiderente, sondern auch die Kolkraben, die den Neugeborenen nachstellen. Ebenso gehören die großen Greifvögel, die Beherrscher der Lüfte, zu ihren Feinden. Ihretwegen fliegen die Eiderenten ganz niedrig und möglichst unauffällig. Hier siehst du im Hintergrund einen gefährlichen Greifvogel, den weißen Gerfalken, der einige erschrockene Eiderenten angreift.

Ein altes Männchen, das nicht mehr fliegen kann, wird von räuberischen Möwen angegriffen. Indem es mit den Füßen Wasser aufspritzt, versucht es seine Feinde einzuschüchtern. Manchmal hat dieser Trick sogar Erfolg.

Unsere Eiderente ist ein guter Taucher und jagt auch weit unter der Wasseroberfläche. Hier erbeutet sie gerade einen Seestern. Plötzlich wird sie von einem riesigen Eisbären von hinten angefallen.

Es soll vorkommen, daß die Eiderente im Meer nach Muscheln sucht und ihr Schnabel zwischen Schalenklappen eingeklemmt wird. Um sich zu befreien, muß die Eiderente ihren Schnabel in Süßwasser tauchen, das für die Meeresmuschel auf die Dauer tödlich ist. Ein Teil der zarten Federn, die sich das Weibchen ausrupft, um das Nest zu polstern, wird von Menschen gesammelt, die Decken und Kissen damit füllen.

Der Weißwal

Der Weißwal (fünf Meter lang) lebt in den Polarmeeren und ist ein sonderbares Säugetier, das sogar »singen« kann. Tatsächlich besteht sein Gesang nur aus lauten Pfeif- und Grunztönen, obwohl er »Kanarienvogel der Meere« genannt wird.

Wenn er älter wird, ändert sich seine Hautfarbe von braun zu weiß. Solange er noch blaugrau ist, wächst er heran. Ein braunes Tier ist erst vor kurzem geboren, was immer im Sommer geschieht. Jetzt ein praktischer Rat für alle die, die in den Nordmeeren einmal Schiffbruch erleiden: Ist es Winter und man sieht viele Weißwale, dann ist man in der Nähe Grönlands. Wenn die Begegnung dagegen im Sommer stattfindet, befindet man sich mehr im Norden, mitten im Polarmeer.

Weißt du,

daß die Samojeden den Weißwal als heiliges Tier ansehen und dennoch sein Fleisch essen? Daß er, ist er einmal einem Fischernetz entkommen, sich nie wieder in eine solche Falle begibt?

Nahrung:

Krebstiere

Tintenfische

Plattfische

Die Weißwale fürchten die Stoßzähne der Walrosse, ihrer schlimmsten Feinde. Hier gehen sie ihrem liebsten Zeitvertreib nach. Sie pressen ihre Zunge gegen den Gaumen und spritzen dadurch einen dicken Wasserstrahl in die Luft.

Eine häßliche Begegnung ist die mit dem mörderischen Schwertwal. Wenn sie Glück haben, gelingt es den Weißwalen, sich zwischen Eisblöcke zu flüchten, wo sie durch ihre weiße Farbe getarnt sind.

Die Weißwale schwimmen hunderte von Kilometern die sibirischen Flüsse hinauf, bis in seichte Gewässer. Da sie sich hier nicht mehr gut bewegen können, werden sie gelegentlich von Bären angegriffen.

Die Weißwale tauchen auf den Grund, wo sie Fische, Krebstiere und Tintenfische fangen. Plattfische müssen sie im seichten Wasser suchen. Geraten sie dabei aufs Trockene, so können sie getrost auf die Flut warten, ohne gleich mit dem Leben dafür büßen zu müssen.

Die Weißwale sind sehr gesellige Tiere und begleiten ihre Verwandten, die Narwale. Doch diese fröhliche Gesellschaft wird oft von den unersättlichen Haifischen angegriffen, die ständig auf Beute lauern.

Auch die Eskimos jagen diese Tiere. Die Hunde stehen an Eislöchern Wache und fangen an zu bellen, sobald sich ein Weißwal an der Oberfläche zeigt, um Luft zu holen. Daraufhin eilen die Jäger mit Gewehren und Harpunen herbei.

Der Polarfuchs

In den verlassenen Polargebieten lebt ein Tier, das sogar die von einem Bären übriggelassenen Nahrungsreste nicht verschmäht: Es ist der Polarfuchs mit seinem so kostbaren Pelz. Er hat im Sommer einen graubraunen, leichten Pelz, der im Winter dichter und weiß wird. Mit seiner Nahrung und seiner Behausung ist er überhaupt nicht anspruchsvoll; er frißt alles, was er erwischt: Vögel, Eier, Nagetiere, Krebstiere und Nahrungsreste aller Art. Er schläft in notdürftigen Unterschlupfen, wobei er immer wachsam bleibt.

Der Polarfuchs ist ein unruhiges, neugieriges und gleichzeitig harmloses Tier und muß sein unordentliches Vagabundenleben oft teuer bezahlen. Sein Pelz steht bei den Jägern und den reichen Damen dieser Welt hoch im Kurs. Oft endet der Polarfuchs in der Falle.

Weißt du,
daß die Polarfüchse im späten Frühling bis zu einem Dutzend Junge mit braunem Pelz zur Welt bringen?

Nahrung:

Nagetiere

Vögel
und Vogelbrut

Am Ende des Sommers ist die reiche Jagd der Polarfüchse zu Ende, und dann verstecken sie oft zwischen den Steinen Nahrung für den Winter. Im Hintergrund hat sich einer von ihnen vergeblich an eine große Wildente herangeschlichen.

Ein halb verhungertes Rudel von Polarfüchsen folgt einem Eisbären und wartet stundenlang auf die Reste der reichlichen Mahlzeit des Königs der Arktis. Die Waghalsigsten, die sich zu nahe an den Bären heranwagen, werden manchmal von ihm getötet.

Ein anderer Feind des Polarfuchses ist die große Schnee-Eule, die einen gebogenen Schnabel und dolchartige Krallen besitzt. Auch eine verzweifelte, schnelle Flucht kann den Polarfuchs nicht vor diesem geflügelten Feind retten.

Den Menschen fürchten die Polarfüchse nicht. In Rudeln nähern sie sich den Zelten oder den einsamen Iglus. Sie sind immer hungrig und nehmen Nahrungsmittel und andere Gegenstände weg, die sie fortschleppen und fressen oder vergraben.

Bei der Schneeschmelze geschieht es häufig, daß ein einzelner Polarfuchs auf einer Eisscholle abgetrieben wird. Meistens ertrinkt er nicht, sondern endet in den Fängen eines Greifvogels oder wird die Beute eines hungrigen Schwertwals.

Oben: Ein Blaufuchs, der gezüchtet wird.
Unten: Der Sommerpelz unseres Polarfuchses.
Rechts: Eine Sammlung weißer Pelze auf den Schultern eines Eskimohändlers.

Der Eissturmvogel

Der Eissturmvogel kann ausgezeichnet fliegen, und zeigt es, wenn er ganz plötzlich die Richtung oder die Höhe seines Fluges ändert und wenn er landet. Kurz und gut, er ist ein As auf diesem Gebiet. Besonders seltsam ist das Verhalten des Eissturmvogels in den ersten Wochen seines Lebens. Auf alles, was sich ihm plötzlich nähert, reagiert er aggressiv. Deshalb kommen die Eltern auch langsam und behutsam an das Nest heran und machen sich den Jungen mit beruhigendem Geschnatter bemerkbar. Nach vier bis fünf Wochen sind die Kleinen nicht mehr so unruhig und erkennen jetzt die Eltern. Wenn der Eissturmvogel sich verteidigen muß, speit er seinem Gegner eine eklige, ölige Flüssigkeit entgegen. Außerdem strömt sein Körper einen penetranten Trangeruch aus, der durch das Fett seines Federkleides verursacht wird.

Weißt du,
daß die Seeleute aus der Gegenwart der Eissturmvögel schließen, daß sie sich auf offenem Meer befinden?

Nahrung:

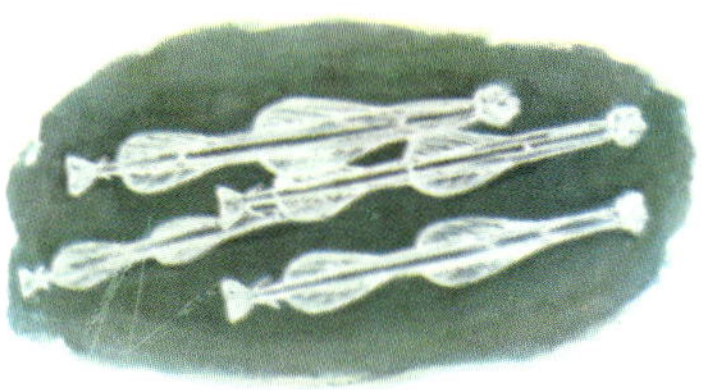

Pfeilwürmer

Krebstiere

Tintenfische

Ein Zeichen großer Zuneigung zwischen einem Eissturmvogelpaar ist das Austauschen von Futter, das das Männchen dem Weibchen mit gurrenden Lauten anbietet. Ein anderer Beweis der Liebe ist das Vorzeigen der Mundhöhle mit ihrer schönen violetten Farbe.

Das stürmische Meer kann die emsige Tätigkeit dieser Tiere nicht bremsen. In einem schneidigen Angriff gelingt es dem Eissturmvogel, einer großen Raubmöwe die Beute abzujagen.

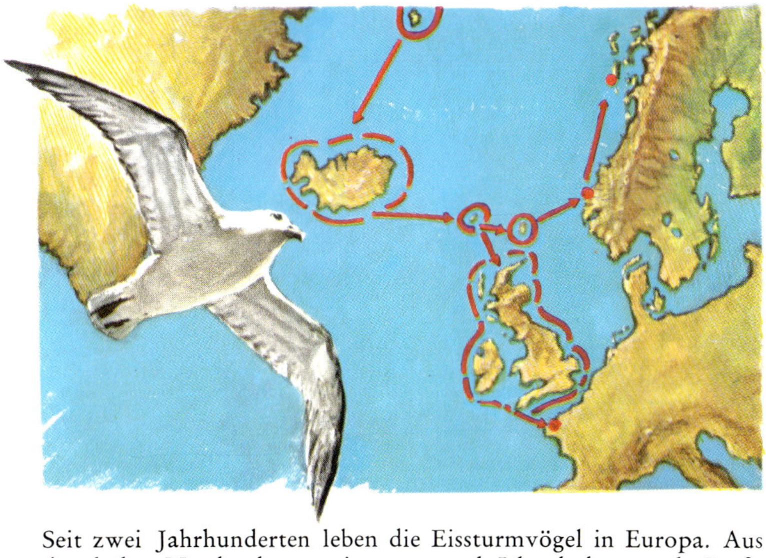

Seit zwei Jahrhunderten leben die Eissturmvögel in Europa. Aus dem hohen Norden kamen sie zuerst nach Island, dann nach Großbritannien und nach Norwegen und kürzlich hat man sie sogar in Nordfrankreich beobachtet.

Die Eier des Eissturmvogels sind sehr beliebt und werden an den Brutstätten gesammelt. Obwohl es schwierig ist, werden die Nester ständig von Menschen und Tieren geplündert.

Die Eissturmvögel ernähren sich von allen möglichen tierischen Stoffen. Oft umkreisen sie Walfangschiffe und warten auf die Abfälle, die bei der Verarbeitung der Wale in das Meer geworfen werden. Oder sie folgen anderen Schiffen und fressen die von den Schiffsschrauben getöteten Fische.

An Land muß der Eissturmvogel auf seinen Fußwurzeln laufen, was sehr plump aussieht, doch schwimmen kann er hervorragend. Auf dem Bild oben siehst du das dunkle Federkleid des Eissturmvogels, das für die Vertreter des Nordens typisch ist.

Der Berglemming

Hier siehst du den seltsamen Berglemming, ein kleines Tier, das aus überaus großer Vorsicht fast immer unter Steinen lebt. Im Winter oder auch wenn die Weibchen Junge tragen, verbirgt sich der Lemming in tiefen Tunneln (bis zu zwanzig Meter Länge) und verläßt diese nur zum Fressen.

Die Ursache für die fieberhafte Wandersucht dieser kleinen Nagetiere, die sie alle paar Jahre ergreift, ist wohl die große Vermehrung. Aus den kleinen Angsthasen wird dann plötzlich ein Haufen rasender Flüchtlinge, der die Hochebenen Norwegens überschwemmt und der zum Schlachtfest für Raubtiere aller Art wird. Straßen, Felder und Wiesen werden von den Tierleibern überflutet, Wasserläufe durchquert und Barrieren jeder Art überwunden, bis der Ozean erreicht ist. Dort hinein stürzen sich die Lemminge und ertrinken. Dieser Massenselbstmord ist eines der größten Rätsel, das die Naturwissenschaftler bis jetzt noch nicht klären konnten. Hohe Preise winken demjenigen, der das Geheimnis der norwegischen Berglemminge löst.

Weißt du,
daß ein Weibchen des Berglemmings mit zwei Würfen pro Jahr Mutter von einem Dutzend Jungen wird und daß sie in außergewöhnlichen Jahren mit noch mehr Würfen bis zu vierzig Junge haben kann?

Nahrung:

Am Ende des Winters verlassen die Berglemminge ihr Winterlager aus trockenem Reisig und Gras, sobald der darüberliegende Schnee weggeschmolzen ist. Noch benommen von der langen Winterruhe werden sie leicht zur Beute. Hier auf dem Bild lauert ein Hermelin.

Auf ihren weiten Ausflügen dringen die gefräßigen Lemminge bis in bewohnte Gegenden vor, wo sie in den Vorratskammern buchstäblich Razzia unter den Vorräten machen. Hafer und andere Getreidearten werden von ihnen bevorzugt.

Alle paar Jahre stürzen sich unvorstellbar viele Berglemminge ins Meer und ertrinken. Während ihrer rastlosen Wanderung dahin werden sie von vielen Räubern angegriffen. Es gibt eine Behauptung, daß die Selbstvernichtung dieser Tiere eine Massenraserei sei, von der diese Tiere ergriffen werden, wenn in Zeiten großer Fruchtbarkeit ihre Zahl bis ins Unermeßliche wächst und sich die Nahrungsreserven erschöpfen.

Die plötzliche Begegnung mit einem Tier veranlaßt den Lemming, sich zur Verteidigung auf die Hinterbeine zu stellen. An einen Stein oder an eine Pflanze angelehnt schreit er wie ein Verrückter.

Wenn Berglemminge einem Menschen begegnen oder besser gesagt, den Füßen eines Menschen, dann stoßen sie wütende Schreie aus und versuchen, in die Schuhe zu beißen. Bei einem Gegenangriff fliehen sie.

Der Wassertreter

Wenn wir diesen sympathischen Vogel betrachten, müssen wir uns vor allem mit dem Weibchen befassen, denn bei diesen Vögeln hat das Weibchen die Hosen an. Es ist das Weibchen, das das Revier aussucht, und es sind die »Damen«, die als erste starten, wenn Ende September die Wassertreter die arktischen Küsten verlassen, auf das offene Meer hinausschwärmen und nach Südamerika oder Südasien ziehen. Die Männchen folgen nach, führen die Jungen, für die sie bisher gesorgt haben und machen somit alles, was eine liebevolle Mutter tun könnte. Und man glaube nicht, daß sich der Vater darüber beklagt, denn die Zuneigung dieser Vogelpaare ist in den Polargebieten sprichwörtlich.

Weißt du,
daß die Wassertreter, die sich aus dem Meer ernähren, nicht tauchen können, da sie zu leicht sind?

Nahrung:

kleine Krebstiere

Insekten

Unser Wassertreter ist ein Vogel, der von der Temperatur seiner Umwelt nicht sehr abhängig ist. Sowohl in dem eisigen Wasser des Meeres wie auch in den heißen Wasserlachen der Geysire Islands fühlt er sich wohl.

Ein Beispiel für gegenseitigen Nutzen oder Symbiose: Auf dem Rücken der Wale findet unser Vogel auf Kosten der zahlreichen Parasiten stets ein reichliches Mahl und erweist dabei zugleich seinem Gastgeber einen großen Dienst.

Das Männchen der Wassertreter ist kleiner und hat blassere Farben als das Weibchen, das sich sein Männchen selbst auswählt und es auf sich aufmerksam macht. Hier siehst du, wie es einen Junggesellen umwirbt, der ihrem Werben schließlich nachgibt.

Hier siehst du, wie Vater Wassertreter die junge Brut füttert. Zur Mittagszeit haben sie sich an einen Teich begeben und mit kreisförmigen Bewegungen erzeugt der Wassertreter einen Strudel, der appetitliche Insekten an die Oberfläche zwingt.

Der gelehrige Wassertreter ist einer der arglosesten und zutraulichsten Vögel. Auch während des Brütens läßt er sich im Gegensatz zu anderen Vögeln von der Hand eines Menschen berühren.

Oben links siehst du den jungen Wassertreter, rechts das Profil des erwachsenen Weibchens und unten das Herbst- und Winterkleid dieser Vögel. Unser Wassertreter wird auch Thorshühnchen genannt.

Der Grönlandhai

Das ist der Trick unseres Tieres: »Wer schläft fängt keine Fische, wer jedoch zu schlafen vorgibt, der fängt welche.« An dieses Rezept scheint sich der Grönlandhai ständig zu halten. Dieser Fleischfresser läßt sich im kalten Wasser der Polarmeere treiben, er scheint unbeweglich und schläfrig zu sein, doch in Wirklichkeit wartet er angespannt auf die Abfälle von Schiffen. Wir Menschen würden dieses Meeersungeheuer den »häßlichsten Schläfer« nennen, doch die Heringe, Dorsche und viele andere seiner Opfer, die er sogar aus den Fischernetzen holt, würden ihm einen ganz anderen Namen geben.

Ebenso auch die Seehunde, Delphine und sogar die Wale, die bei einem Angriff des Grönlandhaies Teile ihres Körpers opfern müssen. Vielleicht würden alle diese Tiere, die den riesigen Grönlandhai mit seinen sieben Metern Länge zum ersten und letzten Mal gesehen haben, ihn den »wachsamen Räuber« nennen!

Weißt du,

daß das Sehvermögen der Grönlandhaie alles andere als gut ist und daß ihre Augen von gefährlichen Parasiten geschädigt werden? Daß als Ausgleich dafür ihr Geruchssinn so gut entwickelt ist, daß sie auch eine tief im Sand verborgene Beute aufspüren?

Nahrung:

Dank ihres guten Geruchssinnes nehmen die Grönlandhaie das Wandern der Rentiere wahr. Wie eine Schar hinterlistiger Wegelagerer lauern sie gierig und überfallen die wandernden Rentiere, die einen Meeresarm überqueren wollen. Manches Ren aus dem Rudel fällt den Grönlandhaien zum Opfer.

Oft kommt es vor, und das bewies der Mageninhalt eines getöteten Grönlandhaies, daß dieser Räuber einen verfolgten Seehund ganz verschlingt, wie du hier siehst. Auch große Fische stehen auf ihrem Speisezettel.

Von ihrem außerordentlich guten Geruchssinn geleitet, folgen die Grönlandhaie den Walfangbooten und fressen die Gerippe der geschlachteten Wale und andere über Bord geworfene Abfälle.

Der Grönlandhai hat einen unersättlichen Hunger. In seinem Magen hat man die seltsamsten Gegenstände gefunden. Er verschlingt gelegentlich sogar große Büchsen und Dosen in seiner Gier und geht oft daran ein.

Der Grönlandhai bleibt ganz ruhig und leistet keinen Widerstand, wenn er an einer Angel angebissen hat. Aus seiner Haut gewinnt man ein besonders widerstandsfähiges Leder.

Der Luchs

Der Luchs, ein stolzes Tier, ist ein geborener Jäger; unermüdlich bei der Verfolgung, geschickt beim Auflauern, wartet er geduldig und greift blitzschnell an. Ihr gut entwickelter Gesichtssinn erlaubt dieser größten Katze Europas, sich auch nachts mit reichhaltigen Mahlzeiten zu versorgen (bis zu fünf Kilogramm Fleisch pro Mahlzeit), wobei sie übrig gebliebene Brocken unter dem Schnee oder unter Blättern vergräbt. Auch diese Tiere haben ihr eigenes Revier, das unverletzlich ist. Nur die alten Männchen wagen es, auf das Gebiet ihres Nachbarn vorzudringen und seinen Spuren zu folgen.

Weißt du,

daß dem Luchs im Winter Haare unter den Füßen wachsen, die ihm das Laufen im Schnee erleichtern? Daß die Römer glaubten, ein Luchs könnte mit seinen phosphorisierenden Augen sogar durch Mauern sehen? Daß die Römische Akademia dei Lincei nach dem Luchs benannt ist, weil ihre Mitglieder aufmerksame Naturbeobachter sind?

Nahrung:

Hasen

Mäuse

Vögel

Mutter Luchs hat gewöhnlich nicht mehr als zwei Junge. Deren Aufzucht erfordert viel Zeit und Sorgfalt, da sie neun Monate lang mit ihren Milchzähnen und den weichen Krallen nicht selbst für Nahrung sorgen können.

Jeder Luchs beherrscht ein Gebiet von ca. tausend Hektar Fläche. Verschiedene Kratzer an Bäumen und Exkremente des Luchses an Baumstämmen bedeuten »Betreten für andere Luchse streng verboten!«

Den Gaumen des Luchses gelüstet nach allem, ob es Wild ist oder eine Maus. Blitzartig, auch aus dem Stand, springt der Räuber Vögel im Flug an, wie hier einen Birkhahn.

Sogar ein starker Hirsch kann einem halb verhungerten Luchs zum Opfer fallen. Bei dem beträchtlichen Größenunterschied spielt hier das Überraschungsmoment eine sehr große Rolle.

Der Luchs entfernt sich von seinem festen Wohnsitz nur, wenn er auf Jagd geht. Hier schwimmt er von hinten an einen Säbelschnäbler heran, dessen Schicksal besiegelt ist.

Wenn ein junger Luchs gefangen wird, läßt er sich leicht zähmen und wird zu einer großen, gelehrigen und treuen Katze, solange er jung ist.

Das Flughörnchen

Dieses fliegende Tier ist ein naher Verwandter unseres Eichhörnchens. Unser »Segelflieger« hat zwei wache Augen, einen schönen Pelz und ist nicht länger als 25 cm mit Schwanz, bei einem Gewicht von ungefähr achthundert Gramm. Aus einer Nahrungsmischung von Nüssen, Kastanien, Eicheln, Insekten, Beeren und Sprößlingen entwickelt das Flughörnchen eine enorme Energie. Wenn dieses kleine Tier auf einem hohen Zweig ruht, scheint es in einen plumpen Pelz gehüllt zu sein. Ein ganz anderes Urteil haben wir, wenn wir es im Flug beobachten.

Auch aus einer Höhe von fünfzig Meter wirft sich das Flughörnchen ins Leere, spannt an den Seiten zwischen seinen Vorder- und Hinterpfoten eine weite Flughaut aus und landet dann auf einer ihm geeignet erscheinenden Piste. Danach faltet der »Pilot« seine Flügel sorgfältig wieder zusammen. Es ist nur schade, daß er, sobald er uns sieht, schnell in dem nächsten »Hangar«, einer Baumhöhle, verschwindet.

Weißt du,
daß der schöne Schwanz des Flughörnchens fast halb so lang ist wie sein Körper und während des Fluges als Höhen- und Seitenruder dient?

Nahrung:

Beeren

Insekten

Pilze

Eicheln

In Baumhöhlen, aber auch in Astgabeln, bauen die Flughörnchen ihre Nester mit kleinen Zweigen und polstern sie mit Gras und trockenen Blättern aus. Die Jungen (höchstens drei, wie du im Kreise siehst) sind rosa, haben keine Haare und können noch nicht sehen.

Zehn Tage nach der Geburt wachsen den Jungen Haare, und ihre Augen öffnen sich. Nach zwanzig Tagen werden sie tatendurstig. Trotzdem müssen sie von der Mutter einen Schubs erhalten, damit sie lernen, durch die Luft zu gleiten.

Diese in den Birkenwäldern Skandinaviens, Sibiriens und Nordamerikas lebenden Nagetiere sind Nachttiere und fangen erst nach Sonnenuntergang an, nach Nahrung zu suchen, die sie dann einlagern.

Während unser kleiner Freund damit beschäftigt ist, die Samen aus einem Kiefernzapfen zu ziehen — hier siehst du ihn in seinem silbergrauen Pelz – wird er von der Schnee-Eule überrascht, die sich lautlos auf ihn stürzt.

Auch wenn die Flughörnchen sanft erscheinen, so sind sie doch leicht reizbar, werfen sich mit lautem Kreischen aufeinander und kämpfen um ihr Revier. Sowohl an Land als auch in der Luft dient der lange Schwanz als Ruder.

Wohlschmeckende Körner genügen im allgemeinen, das Zutrauen kleiner Flughörnchen zu gewinnen. Es ist nicht schwer sie zu zähmen, insbesondere, wenn sie noch jung sind.

Die Trottellumme

Muß man bei der Betrachtung dieses Vogels nicht unwillkürlich an einen würdigen und etwas bequemen Angestellten mit Brille denken? Doch wenn man das Leben und die vielen Opfer der Trottellumme kennt, ist es klar, daß sie es wirklich recht schwer hat. Zusammen mit Tausenden von Artgenossen bevölkert sie die unwirtlichen Felsgipfel des Nordens, die von kalten Stürmen umweht werden, und die jeder andere Vogel meidet. Hier nistet dieser Vogel, und wenn er Nahrung sucht, ist ihm keine Mühe zu groß.

Die Trottellumme ist fast einen halben Meter groß und zeigt im Wasser ausgezeichnete Leistungen (bei der Jagd unter Wasser ist ihr Blick sehr scharf, und sie bedient sich der Flügel als Ruder). Sie ist ein richtiger Held, wenn auch einer mit Brille.

Weißt du,

daß die Eier der Trottellumme konisch (kegelförmig) sind, damit sie, wenn sie angestoßen werden, nicht von den Felsen herabfallen? Daß zur Wanderzeit Tausende dieser Vögel gleichzeitig aufbrechen?

Nahrung:

kleine Fische

Nach einer kurzen Abwesenheit vom Nest findet die Trottellumme ihr Ei auch unter vielen anderen Eiern heraus, da es nicht zwei Eier mit gleichen Farben und Flecken gibt.

Eine brütende Mutter verteidigt eifersüchtig ihren Felsvorsprung und das Nest. In einem solchen Streit geht oft auch das Ei verloren.

Auf den Gesimsen steiler Felswände nisten die Trottellummen hoch über dem Meer. Wenn die Jungen einen Monat alt sind, werden sie von den Eltern von der Felswand hinuntergestoßen, daß sie das Fliegen und Schwimmen lernen.

Die Trottellumme versteht es ausgezeichnet zu tauchen, da sie unter Wasser mit den Flügeln rudert und dadurch jungen Heringen folgen und Muscheln und Krebstiere sammeln kann.

Im Sommer bevölkern die Trottellummen die arktischen Gebiete. Im Winter wandern sie nach dem Süden, manchmal bis zum Mittelmeer. Hier sehen wir sie am Felsen von Gibraltar vorbeiziehen.

Der Goldregenpfeifer

Hier siehst du den Goldregenpfeifer, einen lebhaften Vogel und schnellen Flieger. Er frißt alles, was er findet, wie zum Beispiel Würmer, Muscheln, Insekten und junge Pflanzentriebe.

Dieser scheue Vogel baut sich auch auf ganz einfache Art und Weise sein Nest. Es besteht nur aus einer Erdvertiefung, die mit wenigen Gräsern gepolstert ist und in die das Weibchen vier bis fünf Eier legt und drei Wochen lang darauf brütet.

Sobald die Jungen ausgeschlüpft sind, erteilen die Eltern ihnen nur wenige Flugstunden, füttern sie viel, damit sie groß werden, und dann ziehen alle in ferne Länder. Diese Vögel sind schlank (knapp dreißig Zentimeter lang und einige hundert Gramm schwer) und haben ein sehr schönes Federkleid mit goldgelben Flecken. Trotz ihrer geringen Körpergröße vollbringen diese Vögel phantastische Wanderungen.

Weißt du,
daß schon Flugzeuge, die mit einhundertsechzig Kilometer in der Stunde flogen, von einem Schwarm kleiner Goldregenpfeifer überholt wurden? Daß diese Vögel zur Zerkleinerung ihrer Nahrung Quarzsand schlucken?

Nahrung:

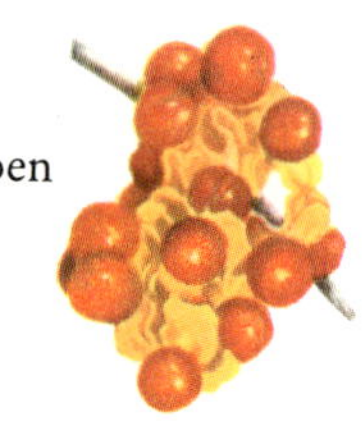

Trauben

Insekten

wirbellose Tiere

Während er sich höflich verbeugt, plötzlich mit den Flügeln schlägt und Luftsprünge macht, pfeift der Goldregenpfeifer seiner Schönen ein Lied.

Wenn ein Räuber, hier ein Polarfuchs, die Jungen im Nest überrascht, bleiben diese unbeweglich und vertrauen auf die Tarnung durch den Erdboden.

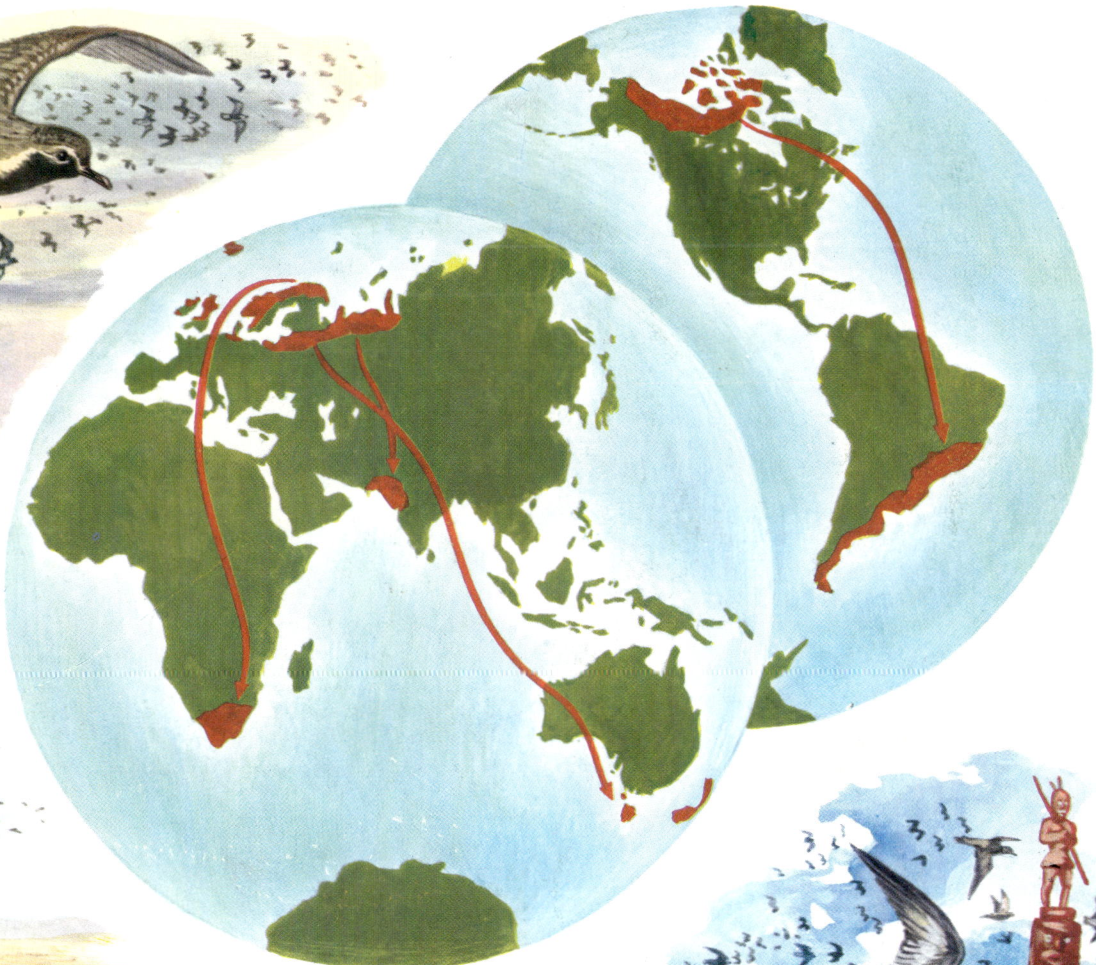

Hauptsächlich nachts wandern die Goldregenpfeifer in großen Schwärmen, um so den Falken und Seeadlern zu entkommen. Sie fliegen in V-förmiger Formation mit einer Geschwindigkeit von einhundertachtzig Kilometer in der Stunde. Nachdem die schöne Jahreszeit auf der nördlichen Halbkugel vorbei ist, folgen diese Vögel der Sonne auf die südliche Halbkugel. Die amerikanischen Goldregenpfeifer fliegen von Labrador bis zur Spitze Südamerikas; die europäischen Goldregenpfeifer von Nordeuropa nach Südafrika, Indien und sogar Tasmanien und Neuseeland.

Der Eskimohund

Nur wenigen hat man im schönsten Park New Yorks ein Denkmal aufgestellt. Doch es gibt keinen Zweifel, daß unser Freund diese Ehre verdient hat, denn er ist der Eskimohund. Er ist ein etwa vierzig Kilogramm schweres Tier mit einem schönen Kopf, starkem Gebiß, stechenden, schrägen Augen und breiter, muskulöser Brust. In seinem dichten Pelz und dickem Unterpelz kann er auch Temperaturen unter minus fünfzig Grad Celsius aushalten. Ursprünglich kommt der Eskimohund aus Asien, doch heute lebt er auch in Nordeuropa und Nordamerika. Er ist ein sehr zähes, intelligentes Tier, ein Wachhund für die Rentierherden, unersetzlich als Last- und Zugtier in Ländern des ewigen Eises, dort, wo die Menschen schon immer von der Jagd lebten.

Aus diesem Grund kann man vom Eskimohund mit gutem Recht behaupten, daß ohne ihn das menschliche Leben im hohen Norden unmöglich wäre.

Weißt du,

daß jeder Hund eines Gespanns täglich siebenhundert Gramm getrocknetes Fleisch erhält und daß er statt zu trinken Schnee schluckt? Daß diese Hunde in sehr hohem Ansehen stehen und nach ihrem Tod neben dem Grab ihres Herrn beerdigt werden?

Der Eskimohund ist unersetzlich, wenn in diesen unwirtlichen Gegenden große Entfernungen zurückgelegt werden müssen. Man glaube nicht, daß es genügt, den Tieren die Zügel anzulegen, um ein gutes, ordentliches Gespann zu haben. Eine lange Vorbereitungszeit ist dazu nötig, während der sich unter den neun Mitgliedern eines Gespanns nach anfänglicher Rivalität eine Art Rangfolge herausbildet. Der intelligenteste Hund wird der erste in einem Gespann.

Eskimohunde bellen nicht. Wenn sie erregt sind, stoßen sie schrille, langgezogene Schreie aus, ähnlich wie die Wölfe. Dies geschieht sowohl bei Vollmond als auch bei Sonnenschein und wenn Schneestürme toben.

Diese Tiere ruhen und schlafen in einem Schneeloch und sind nach einem Sturm fast ganz von Schnee bedeckt. Wenn sie in geschlossene Räume kämen, würden sie erkranken, denn dann würde der Schnee schmelzen und ihre Haut naß werden.

Die Eskimohunde sind äußerst mutig und greifen sogar Wölfe und Eisbären an. Wenn diese von vielen Hunden angegriffen werden, sind sie oft trotz ihrer Kraft unterlegen.

Schon jung werden die Eskimohunde an ihre spätere Aufgabe als Zugtier gewöhnt. Vor einen Miniaturschlitten gespannt, lernt der kleine „husky" allmählich das, was man von ihm verlangt, und auf Befehle zu hören.

Der Seidenschwanz

Schön, gut und brav: diese Adjektive passen sehr gut auf den Seidenschwanz, ein lebhaftes Vögelchen Nordeuropas. Wenn er auch manchmal nach Süden fliegt, so kehrt er doch immer wieder in seine Heimat zurück, wo er eine Gefährtin findet. Hier, wo der größte Teil des Jahres kalt ist, fühlt sich der höchstens zwanzig Zentimeter lange Vogel, wovon allein sieben Zentimeter auf den Schwanz entfallen, unter seinen Gefährten sehr wohl.

Die Seidenschwänze unterscheiden sich von anderen Vögeln durch ihren Kopfschmuck (der sich bei Erregung sträubt) und durch die auffallend weiß und gelb gezeichneten Flügel, an deren Armschwingen scharlachrote Streifen wie Tropfen von Siegellack sitzen. Kein anderer Vogel dieser Welt besitzt ähnliche »Schmuckknöpfe« an seinem Federkleid. Niemand weiß, wozu sie dienen.

Weißt du,

daß die Seidenschwänze in großen Scharen auf den Bäumen ruhen und daß dabei die Weibchen auf den unteren und die Männchen auf den oberen Ästen sitzen? Daß im Winter die Anwesenheit von vielen Seidenschwänzen bei uns als Vorzeichen für eine Frostverschärfung gelten kann?

Nahrung:

Im Januar beginnt die Hochzeitsparade der Seidenschwänze. Das Männchen versucht, seine Schöne mit einer Beere zu beeindrucken. Sobald das Weibchen zur Erde fliegt und mit ausgebreiteten Flügeln stehenbleibt, zeigt sie, daß sie das Geschenk annimmt und dazu bereit ist, ihr weiteres Schicksal mit dem Männchen zu teilen. In dem Kreis siehst du eine Feder des Flügels, der mit dem charakteristischen roten Fortsatz endet.

Der zukünftige Vater baut das Nest aus Moos, Zweigen, trockenen Gräsern und Schlamm. Dann sucht er zum Schluß noch Flaumhaare und polstert die Wohnung damit aus.

Die kleinen Seidenschwänze beachten die saftigen Himbeeren in ihrer Nähe nicht, sondern ziehen es vor, von der Mutter gefüttert zu werden, die wie ein Zauberkünstler Mahlzeiten für alle aus ihrer Kehle hervorbringt.

Manchmal ist das Verhalten der Seidenschwänze überraschend: Sie sind überaus »höflich«. Hier siehst du, wie sie Kirschen von Schnabel zu Schnabel wandern lassen, die dann der Reihe nach verschlungen werden.

Nicht die Kälte, sondern der Mangel an Futter treibt die Seidenschwänze zur Wanderung. Bei Winteranfang ziehen sie tausende von Kilometern bis nach Südeuropa und Nordafrika.

Der Narwal

Der Wunsch: »Hätte ich doch nur ein Horn vom Einhorn!« war vor fünfhundert Jahren so ähnlich wie der Wunsch heutzutage: »Wenn ich doch nur sechs Richtige im Lotto hätte!« In Wirklichkeit hat das Einhorn niemals existiert, es ist ein Fabeltier, dessen Horn man magische Heilkraft zugeschrieben hatte, und für das die Herrscher Europas große Schätze gegeben hätten. Denn dieses Horn war nichts anderes als der Zahn des Narwals, eines Wals der Polarmeere.

Dieses Säugetier mit dem Stoßzahn hat einen bis zu sechs Meter langen Körper und einen runden Kopf. Zwischen seinen beiden kleinen Augen öffnet sich das Luftloch, und sein Mund besitzt ein einzigartiges Zahnsystem. Er besitzt winzige kleine Zähne im Unterkiefer, im Oberkiefer rechts einen kleinen Zahn und links, der andere Zahn, ist das berühmte »Horn«, das innen hohl ist und wie gedreht aussieht. Es ragt weit aus dem Mund heraus und wird bei einigen Exemplaren bis zu zwei Meter lang. Der Narwal, der die schöne Jahreszeit im hohen Norden verbringt, kommt im Winter in südlichere Gebiete, ernährt sich von Krebstieren und spielt ebenso gern und macht akrobatische Luftsprünge wie der Delphin, sein Verwandter.

Weißt du,
daß nur der männliche Narwal dieses berühmte »Horn« besitzt?

Nahrung:

Wirbellose Tiere

Fische

In den arktischen Meeren findet man sehr selten einen Narwal mit zwei Stoßzähnen. Dies kommt nur vor, wenn im Maul eines dieser Wale der rechte Zahn wie der linke in die Länge wächst.

Hier siehst du ein Duell zwischen zwei verliebten Männchen. Manchmal geht einem Tier dabei der ganze Zahn verloren.

Viele Hinterhalte lauern auf den Narwal. Außer den Parasiten, die ihn quälen, den Menschen, die ihn jagen und dem Eis, das oft die ganze Meeresoberfläche bedeckt und ihn ersticken läßt, gibt es noch einen Hauptfeind: den Schwertwal. Hier stoßen zwei der wilden Räuber auf einige Narwale und Weißwale.

Unserem Säugetier sind blutige Zusammenstöße fremd, denn es ernährt sich von kleinen Krebsen, die es auf dem Meeresboden sucht. Wenn es den Grund mit seinem Zahn durchwühlt, folgen ihm viele Fische, die alle hoffen, Nahrung zu finden.

Die Eskimos sind die erfahrensten Jäger von Narwalen. In ihren Kajaks folgen sie den Säugetieren und harpunieren sie. Die Beute liefert wertvolle Haut, Tran, Fleisch und wenn es ein Männchen ist, einen langen, dekorativen Zahn.

Die Große Raubmöwe

Wenn man mitten in einem Schwarm arktischer Vögel laut »skua, skua« ruft, spielt man ihnen einen bösen Streich, denn das ist der Ruf eines überaus gefürchteten Feindes. Die Große Raubmöwe ist sechzig Zentimeter lang, hat einen starken, gebogenen Schnabel, einen kurzen Schwanz und kräftige Flügel. Sie ist der Todfeind fast aller Vögel. Sie greift sie von hinten an, schlägt sie mit Schnabelhieben oder packt sie am Rücken und schiebt sie ins Wasser, um sie zu ertränken. Dieser Räuber kann im Flug jedem anderen Vogel die Beute entreißen. Da die Raubmöwe immer hungrig ist, ernährt sie sich auch von Eiern, Vogelbrut, kleinen Säugetieren, Heringen, Krebstieren und sogar jeder Art von Aas.

Weißt du,
daß die Großen Raubmöwen den Seehundjägern auf den Fersen folgen, um das Aas zu fressen, das diese nach dem Enthäuten zurücklassen?

Die Großen Raubmöven wüten raubgierig in fremden Nestern, nur ihr eigenes Nest verschonen sie natürlich. Dieses verteidigen die Großen Raubmöven hartnäckig. Davon können sogar die Jagdhunde ein Liedchen singen.

Die Schlauheit der Großen Raubmöwe ist beachtlich. Um einen Baßtölpel zu berauben, packt sie ihn am Flügel und läßt ihn ins Meer stürzen. Dann hält sie ihn unter Wasser und zwingt ihn, die Beute herauszurücken. Im Hintergrund siehst du eine Große Raubmöwe, die eine Möwe verfolgt.

Dies ist eine Aufstellung der von der Großen Raubmöwe mehr oder weniger regelmäßig verfolgten Opfer. Auch Reiher, Seeschwalben, Sturmtaucher, Wildenten, Papageitaucher und Eiderenten, ja sogar kleine Lämmchen erliegen dem Angriff des erfahrenen Räubers. Alle anderen, auch der Mensch, werden von diesem Vogel beraubt. Die Große Raubmöwe frißt gerne Heringe, aber auch Aas verachtet sie nicht.

Hier siehst du einen Schnappschuß aus dem Küstengebiet des Südpols. Die Große Raubmöve ist hier in einer typischen Haltung aufgenommen. Dieses Mal ist das Opfer ein Pinguinpaar, das die Eier einbüßt.

Eine seltsame Gewohnheit der Großen Raubmöve ist, sich rund um Leuchttürme auf Felsvorsprünge und Brüstungen niederzulassen. Anstatt sich zu verstecken, haben diese Vögel noch die Angewohnheit, sich in das Licht zu setzen.

Der Marderhund

Hier siehst du einen »Hund«, der den Haushunden sehr wenig ähnlich sieht und auch nicht mit ihnen verwandt ist. Gewöhnlich miaut er, nur wenn er wütend ist, knurrt er. Er läuft geduckt, sprungbereit wie ein Wiesel, und was seine Nahrung betrifft, so ist er nicht sehr wählerisch. Er frißt Frösche, Weichtiere, Insekten, Fische, Nagetiere und sogar wildes Obst. Mitsamt Schwanz ist der Marderhund siebzig Zentimeter lang und nicht höher als zwanzig Zentimeter. Den Tag verbringt er mit Schlaf, und nachts geht er auf Jagd. Ursprünglich lebte er in Ostasien, wurde dann aber vom Menschen nach Rußland gebracht. Deshalb ist es nicht ausgeschlossen, daß sich der Marderhund in Europa ausbreitet und früher oder später auch in Mitteleuropa einwandert.

Weißt du,
daß die Eltern dieser Hunde gewöhnlich acht Junge haben, manchmal aber auch sechzehn?

Nahrung:

Eicheln

Amphibien

Der Marderhund, der von Wölfen, Luchsen und Adlern verfolgt wird, scheint den Dachsen sympathisch zu sein. Mit diesen Tieren lebt er oft in unterirdischen Höhlen zusammen.

Um sein Revier abzugrenzen, spritzt ein Männchen Urin an die Baumstämme. Das gilt auch als »Heiratsinserat«, denn bald darauf kommt eine Gefährtin.

Hier siehst du eine Taktik, die die Marderhunde bei ihren nächtlichen Jagdzügen immer wieder erfolgreich anwenden. Sie durchkämmen ein Stück Wald im Halbkreis und bald sind alle Mäuse dieser Gegend in der Falle.

Da die Marderhunde gern Fisch fressen, tauchen sie bis auf den Grund von Wasserläufen. Umso besser, wenn die Vogeleier in einem Nest am Ufer die Mahlzeit bereichern.

Die Marderhunde sind die einzigen hundeartigen Raubtiere, die Winterschlaf halten. Zusammengerollt, die Schnauze mit dem Schwanz bedeckt, verbringen sie die kalte Jahreszeit in unterirdischen Gängen.

In Sibirien ist es einem Volksstamm gelungen, diese Hunde zu zähmen Meistens wird der Marderhund wegen seines Fleisches gejagt, das nicht besonders gut riecht, und wegen seines Pelzes, aus dem ausgezeichnete Pelzmützen hergestellt werden.